# Wh Wet?

## David Bauer

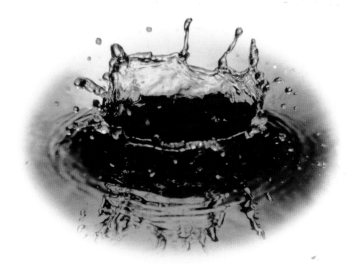

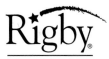

Rigby®
A Harcourt Achieve Imprint

www.Rigby.com
1-800-531-5015

# The leaf is wet.

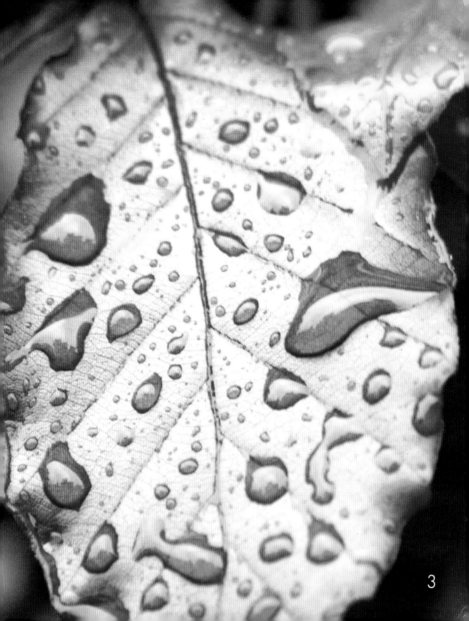

The ice is wet.

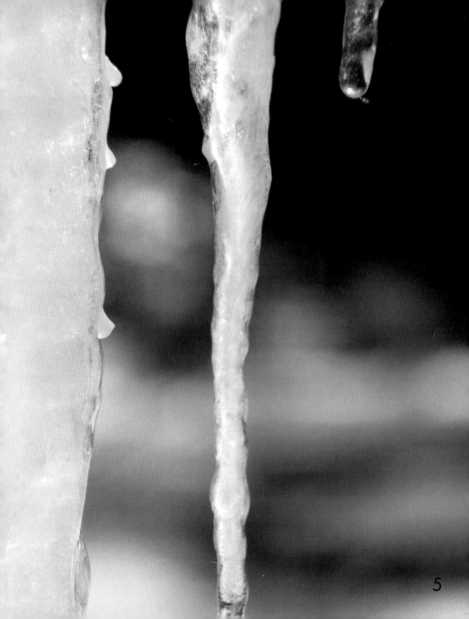

# The rain is wet.

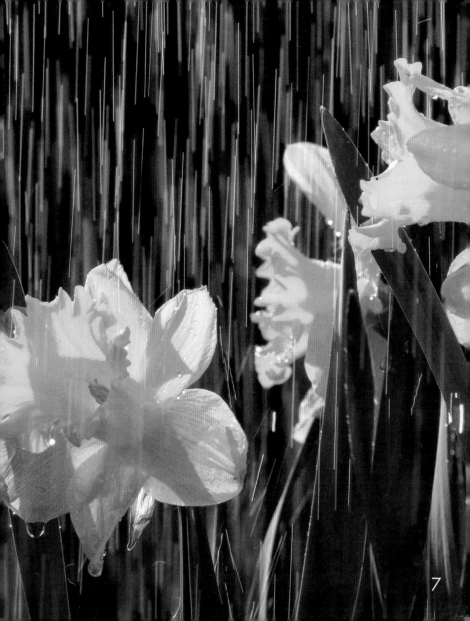

The puddle is wet.

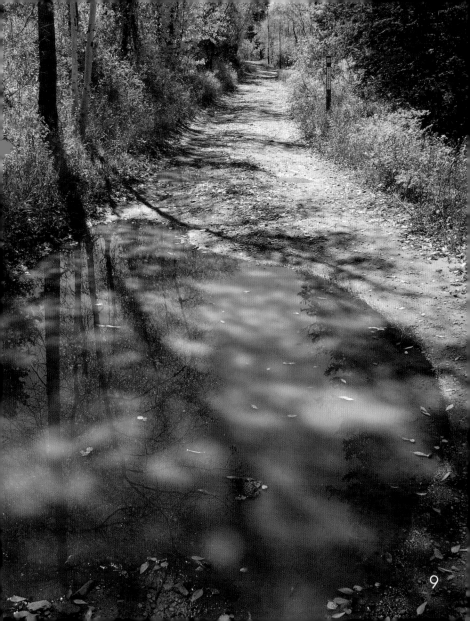

# The lake is wet.

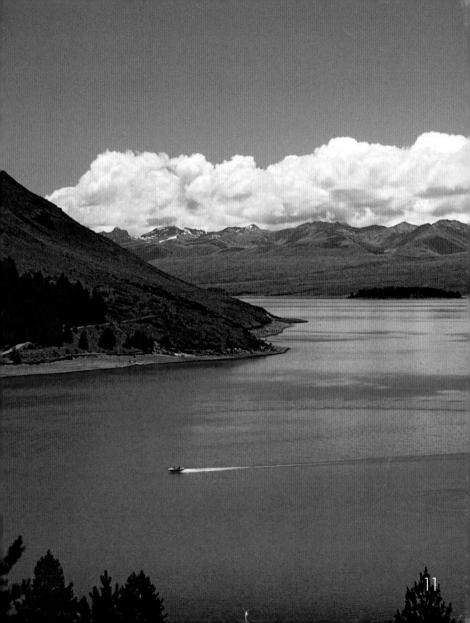

The river is wet.

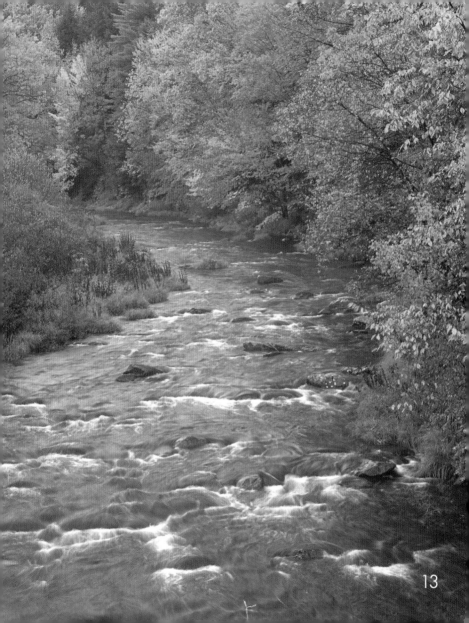

The ocean is wet.

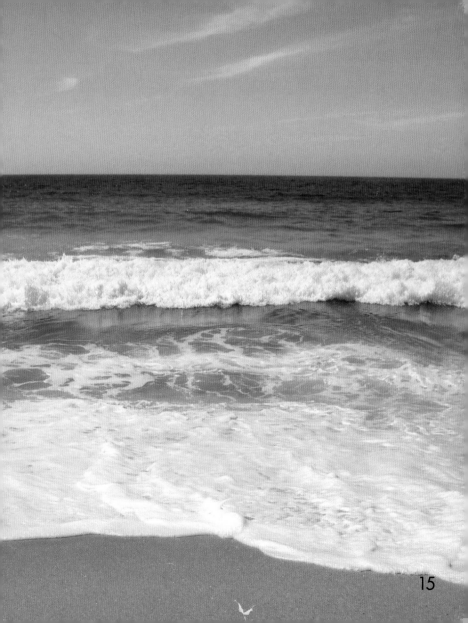

# The whale is wet!

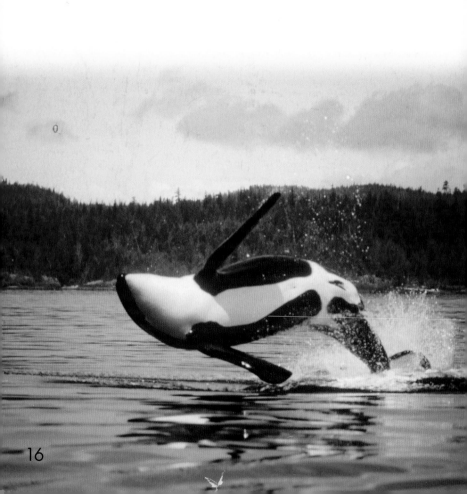